AVENTURES DAN
LA GRÈCE ANTIQUE

Texte de Linda Bailey
Illustrations de Bill Slavin

Texte français de Martine Becquet

Les éditions Scholastic

Ce livre est dédié à mon amie et collègue écrivaine, Deborah Hodge,
en remerciement pour ses conseils et son jugement apportés
à ce livre et à tant d'autres. — L.B.

Pour Graham, dieu de l'agilité. — B.S.

Remerciements

Nous sommes reconnaissants à Mark Golden, Ph. D., de l'université de Winnipeg,
et à M. Eleanor Irwin, Ph. D., de l'université de Toronto, qui ont révisé le manuscrit
et les maquettes, assurant leur exactitude. Ils ont tous deux généreusement prodigué temps et conseils.

Nous tenons à remercier la merveilleuse équipe de Kids Can Press,
et tout particulièrement Valerie Wyatt, pour sa patience et son expertise de réviseure,
et Julia Naimska, pour son attention prêtée à la conception du livre.

Un grand merci également aux premiers lecteurs de ce livre : Nico Lauck Stephenson,
Jeremie Lauck Stephenson, Dylan Maxwell et Ian McLellan.

Enfin, l'auteure désire remercier les membres de sa famille
(Bill, Lia et Tess) pour leur soutien constant.

Données de catalogage avant publication
de la Bibliothèque nationale du Canada

Bailey, Linda, 1948-
    Aventures dans la Grèce antique

(Agence prends ton temps)
Traduction de : Adventures in ancient Greece.
ISBN 0-7791-1581-3

1. Grèce--Civilisation--Jusqu'à 146 av. J.-C.--Ouvrages
pour la jeunesse. I. Slavin, Bill II. Becquet, Martine
III. Titre. IV. Collection: Bailey, Linda, 1948- -- Agence
prends ton temps.

DF77.B2614 2002   j938   C2002-900146-3

Édition publiée par Les éditions Scholastic, 175 Hillmount Road, Markham (Ontario) L6C 1Z7,
avec la permission de Kids Can Press Ltd.

Les personnages de ce livre sont fictifs. Toute ressemblance avec des personnes
qui existent ou ayant déjà existé est pure coïncidence.

Les illustrations de ce livre ont été réalisées à la plume et à l'aquarelle.

La police de caractères pour le texte est Veljovic Book
Conception graphique de Julia Naimska

5 4 3 2 1   Imprimé à Hong-Kong, Chine   02 03 04 05

Les jumeaux Thibodeau, Justin et Emma, sont devant l'Agence *Prends ton temps* avec leur petite sœur Léa. Ils fixent nerveusement la porte. Rien d'étonnant! Chaque fois qu'ils passent cette porte, ils se retrouvent voyageant dans des civilisations lointaines. Ils ont fait face à bien des dangers! Ils ont affronté bien des désastres! Et ils ont échappé de justesse à la mort!

Mais Justin a une idée géniale. Voilà des années qu'il rêve d'aller aux Jeux olympiques. Pourquoi ne pas y aller — en voyageant dans le futur? Les Thibodeau seraient ainsi les premiers jeunes à voir les prochains Jeux olympiques!

Mais il doit tout d'abord convaincre Emma.

~AGENCE~
PRENDS TON TEMPS

C'est juste une petite balade dans le futur, Emma. Que veux-tu qu'il nous arrive?

Tout peut nous arriver!

Emma ne peut rester indécise très longtemps. Sans s'en rendre compte, elle passe la porte de l'agence et se retrouve presque nez à nez avec Julien T. Petitjean, le propriétaire.

Des clients? Mais entrez donc. Le présent, c'est ce qu'il y a de mieux.

Je ne vous le fais pas dire.

Justin s'arme de courage et explique
à M. Petitjean la raison de leur visite.

Justin fait de son mieux pour s'expliquer...
mais Léa lui vole la vedette.

M. Petitjean doit avoir compris car il se dirige vers sa bibliothèque qui croule sous les guides de voyage.

Les Jeux olympiques... Hummmm!

Léa, tu avais promis de te tenir tranquille.

D'accord.

Justin et Emma sont si préoccupés par la conduite de Léa qu'ils ne font pas attention au titre du Guide de voyage. Ils font là une grave erreur.

Guide personnel à destination de

LA GRÈCE ANTIQUE

Ouvrez ce livre et votre voyage commencera. Lisez chaque mot et votre voyage se terminera.

Tremblant d'excitation, Justin ouvre le livre. Un éclair terrifiant et éblouissant en jaillit, et...

... les Thibodeau sont arrivés!

Mais où sont-ils exactement?

Ça n'a rien à voir avec les Jeux olympiques qu'ils ont vus à la télé! Vite, ils consultent le Guide.

C'est un champ de bataille! Qu'est-ce qu'on fait ici?

Ce n'est pas possible! On est en Grèce antique... là où les Jeux ont commencé!

JULIEN T. PETITJEAN
GUIDE PERSONNEL À DESTINATION DE LA GRÈCE ANTIQUE

BIENVENUE en Grèce antique... une excellente destination de vacances.

Mais quelle malchance! Vous tombez au beau milieu d'une bataille.

Malheureusement, les batailles sont fréquentes ici. La Grèce du Ve siècle avant J.-C. est composée de plusieurs centaines de cités (les villes et la campagne qui les entoure).

Ces villes-États ne s'entendent pas toujours. Elles se battent principalement pour les rares terres cultivables, car la Grèce est un pays très montagneux.

Les fantassins grecs (soldats à pied) s'appellent des hoplites. Ils portent des armures de bronze. Leur technique de combat est simple. Ils forment huit rangées compactes que l'on appelle la phalange. À la sonnerie du clairon, ils avancent à l'unisson.

Il est important de se tenir groupé! Chaque hoplite porte un bouclier, le hoplon. Dans la mesure où ils se battent coude à coude, les hoplites sont protégés par le bouclier de leurs voisins et par le leur.

Finalement, les deux camps entrent en collision dans un immense fracas! La première ligne commence à transpercer l'ennemi de ses lances. À l'arrière, les soldats essaient de pousser ceux de devant pour franchir la ligne ennemie. Les cris de guerre se font entendre! On dégaine les épées! C'est brutal et féroce, et le pire de tout, c'est d'être pris en plein milieu!

Si vous êtes témoin d'une bataille, soyez prudent – et surtout, ne vous retrouvez jamais coincé entre deux camps d'hoplites.

Mais ce n'est pas le moment de discuter. Les deux camps se rapprochent et les Thibodeau vont bientôt se retrouver pris en sandwich entre deux tranches de soldats! Ils cherchent désespérément à s'en sortir.

Dans quoi s'est-on lancés?

Aïe! Ça va faire mal. Très mal.

Les Thibodeau s'attendent à être transformés en galettes entre les deux armées opposées. Les minutes passent... mais rien ne se passe!

Je pense qu'ils s'en vont!

CITÉS INDÉPENDANTES, MAIS GRECQUES

La Grèce étant un pays de montagnes escarpées et d'îles isolées, les cités sont éloignées les unes des autres. Pas étonnant qu'elles ne s'entendent pas!

Chaque cité est comme un petit pays en soi. La langue, la religion, les croyances et la plupart des coutumes sont les mêmes partout, mais les cités ne sont pas unies. La majorité des citoyens sont d'une loyauté farouche envers leur cité. Ils sont prêts à la défendre jusqu'à la mort s'il le faut.

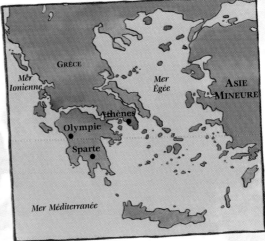

Athènes et Sparte sont les cités les plus importantes.

Un homme portant une couronne sur la tête semble attirer l'attention des soldats. Les Thibodeau se faufilent vers lui et apprennent qu'il annonce une trêve.

Ce gars est super!

Les combats doivent cesser jusqu'à la fin des Jeux olympiques.

Emma est rassurée. La trêve va leur donner assez de temps pour lire le Guide afin qu'ils puissent rentrer chez eux.

Mais Justin tient toujours à voir les Jeux olympiques, même s'ils sont très anciens!

Tu ne verras ça qu'une fois dans ta vie!

Justement, j'y tiens, à ma vie!

Cependant, les habitants des cités sont tous grecs. De temps en temps, ils organisent des fêtes où ils honorent leurs dieux en participant à des compétitions sportives. Les Jeux olympiques font partie de ces fêtes. Ils ont lieu tous les quatre ans. Lorsque arrive le temps des Jeux, les cités mettent leurs différends de côté. Des messagers parcourent toute la Grèce pour annoncer la date de la fête et la fin des hostilités. Ainsi, ceux qui veulent se rendre aux Jeux peuvent le faire sans crainte. Cette période de paix est appelée la trêve olympique.

Les Thibodeau suivent un groupe de soldats et arrivent aux abords d'une ville. Ils s'adressent à la première personne qui a une mine sympathique.

C'est ici, les Jeux olympiques?

Oh non! Ils ont lieu à Olympie. Ici, c'est Athènes... la ville la plus magnifique du monde!

ATHÈNES

Vous voulez de l'action? Alors, ne manquez pas la visite d'Athènes. Au Ve siècle avant J.-C., c'est la ville à voir. Avec plus de 250 000 habitants, Athènes est la plus grande cité de Grèce. C'est aussi la plus riche et la plus puissante.

Comme d'autres cités grecques, Athènes est entourée de remparts. (Vous comprendrez pourquoi, après avoir vu cette dernière bataille.) Elle est située sur la mer Égée, et son port est très fréquenté. Les bateaux ne cessent leurs allées et venues.

Prévoyez au moins un jour ou deux à Athènes. Ce magnifique centre artistique et culturel est renommé dans toute la Grèce et bien au-delà. On y afflue pour être formé par les meilleurs artistes, les meilleurs architectes, les meilleurs dramaturges, les meilleurs professeurs, les meilleurs...

Mais assez parlé. Voyez plutôt par vous-même.

(C'est vraiment superbe!)

Le garçon, qui se prénomme Demeas, promet d'aider les Thibodeau à se rendre aux Jeux. Mais il insiste d'abord pour leur faire visiter Athènes, en commençant par une colline appelée Pnyx.

Emma écoute poliment. Mais Justin, lui, suit la course de ses idées... et devinez qui est dans la course?

Ça n'a l'air de rien maintenant, mais lors des assemblées, des milliers d'hommes viennent ici pour voter.

Vas-y Justin!

Bravo! Super!

Des hommes? Rien que des hommes?

LA DÉMOCRATIE À ATHÈNES

Vous êtes arrivé au Pnyx? Attention! C'est ici que se fait l'histoire.

La Grèce est le premier endroit où les gens ordinaires dirigent leur propre pays. Les anciens Grecs appellent ce type de gouvernement « dêmokratia » (*dêmos* veut dire peuple et *kratos* pouvoir). Plus tard, on l'appellera « démocratie ».

Comment cela fonctionne? Il n'y a ni roi, ni président, ni premier ministre ici. Tous les neuf ou dix jours, les gens du peuple assistent à une grande réunion sur le Pnyx, puis passent au vote. C'est l'Assemblée. Tous peuvent s'exprimer. Les spectateurs peuvent rire des orateurs, les huer ou les applaudir. Puis ils votent en levant la main.

Mais attendez! Ce n'est pas tout le monde qui peut voter. Pour ce faire, il faut être un homme, libre (pas un esclave) et né de parents athéniens. Les femmes ne peuvent pas voter, ni les milliers d'esclaves ni les gens venus d'ailleurs.

D'accord, cette démocratie n'est pas parfaite, mais c'est là une contribution importante des anciens Grecs. Ses principes s'étendront partout dans le monde.

13

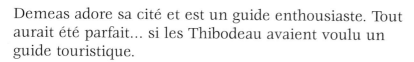

Demeas adore sa cité et est un guide enthousiaste. Tout aurait été parfait... si les Thibodeau avaient voulu un guide touristique.

Malgré eux, ils se retrouvent dans un théâtre, en pleine répétition.

N'est-ce pas formidable?

Oui, oui. Vraiment super. On peut aller aux Jeux, maintenant?

Léa? Où est...? LÉA! Viens ICI tout de suite.

LE THÉÂTRE GREC

Voici une autre grande invention des anciens Grecs : les premiers théâtres. Mais ne vous attendez pas à une comédie musicale! On y joue uniquement des pièces de théâtre. Ils sont construits en plein air, à flanc de colline, et contiennent jusqu'à 14 000 personnes serrées comme des sardines.

Essayez de vous asseoir devant, mais si vous êtes au fond, pas de problème. Les théâtres grecs sont construits de façon à ce que tout le monde puisse entendre, même sans micro (qui sera inventé quelques milliers d'années plus tard).

Les pièces grecques vous paraîtront peut-être étranges. Tout d'abord, il n'y a habituellement pas plus de trois acteurs principaux. Chaque acteur peut jouer des rôles différents en changeant de masque. Il y a aussi le chorus, un groupe d'hommes qui chantent, dansent et s'adressent aux spectateurs.

Que des hommes? Eh oui, au théâtre grec, les acteurs masculins jouent à la fois les rôles d'hommes et de femmes. (Dommage, les filles!)

Justin insiste toujours pour quitter Athènes, mais Demeas ne veut rien entendre! Il entraîne ses nouveaux amis au marché en leur promettant une délicieuse gâterie.

Des olives! Les meilleures du monde.

Une gâterie, ça?

Je vais... hum... manger les miennes plus tard.

L'AGORA

Vous voulez acheter des fleurs? Du poisson? Des fruits? Des souliers? Allez donc au marché! On l'appelle l'agora. On y vend et on y achète presque tout.

L'agora est bien plus qu'un marché : c'est un lieu de rencontres et le cœur de la cité. On y retrouve des amis pour y parler affaires ou politique, ou échanger les derniers potins. Pour discuter, mettez-vous à l'ombre des portiques (longues galeries à colonnes). Les Athéniens adorent parler.

Si vous avez un surplus d'argent, apportez-le au marché. Les banquiers et les prêteurs adoreront voir la couleur de votre argent athénien (des pièces en argent portant l'estampe d'une chouette). Vous n'avez pas de porte-monnaie? Portez votre argent à la mode de la Grèce antique : dans votre bouche. *Beurk!*

15

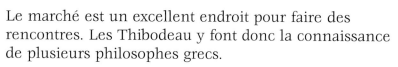

Le marché est un excellent endroit pour faire des rencontres. Les Thibodeau y font donc la connaissance de plusieurs philosophes grecs.

Ils sont très intéressants. (À vrai dire, pas tant que ça.)

LES PHILOSOPHES GRECS

Vous pensez quitter Athènes? Pensez-y à deux fois! Pensez-y bien...

Vous ne serez pas les seuls à penser dans la Grèce antique. Les gens ici adorent penser et discuter de ce à quoi ils pensent. Les anciens Grecs sont curieux, désireux d'en savoir plus sur le monde et sur les choses. Certains pensent aux planètes et à la nature, d'autres à des problèmes mathématiques, d'autres encore à la façon dont les humains devraient se comporter. Certains cherchent à répondre à des questions complexes comme : « Qu'est-ce que la beauté? », « Qu'est-ce que l'amour? ».

Ces penseurs sont appelés philosophes (amis de la sagesse). Ils aiment voyager pour transmettre leurs idées aux autres. Vous les trouverez dans l'agora, assis en petits groupes en train de discuter, d'argumenter... et de penser, bien sûr. Si vous êtes d'humeur pensive, joignez-vous à eux ou écoutez-les...

Hé! VOUS! Réveillez-vous! ÉCOUTEZ!

Les idées des célèbres philosophes grecs (Socrate, Platon, Aristote) sont importantes. Elles se perpétueront, alors ÉCOUTEZ!

Emma se rend compte qu'elle ne voit pas beaucoup de femmes à Athènes.

Elles sont chez elles, bien sûr.

Comment ça, bien sûr?

CLAP! CLAP!

Elle voit des jeunes filles à la fontaine et s'arrête pour les saluer.

Vous n'êtes pas chez vous?

Nous sommes des esclaves. Nous travaillons.

Comme les cruches ont l'ai bien lourdes, Emma leur offre son aide.

Attendez! Je vais y arriver!

Mais parfois, à trop vouloir aider, on nuit...

Vous n'auriez pas un peu de colle forte? Euh! Non, ça m'étonnerait!

LA SOCIÉTÉ GRECQUE

Qui est qui dans la Grèce antique?
C'est simple, il y a deux groupes : les hommes qui votent et... tous les autres (femmes, esclaves et étrangers)!

En général, les femmes se marient jeunes (14 ou 15 ans) et passent leur vie à s'occuper de leur foyer. Elles ne sortent que pour assister à des funérailles ou à des fêtes religieuses (heureusement, il y en a beaucoup), ou pour rendre visite à des parents et à des amis proches.

Les familles athéniennes ont au moins un ou deux esclaves qui s'occupent du gros des tâches ménagères. Les esclaves instruits enseignent parfois aux enfants de la famille. Ils travaillent aussi à la ferme ou à l'entreprise familiale. De nombreux esclaves ont été capturés par des marchands d'esclaves à l'étranger. Certains sont nés de parents esclaves.

Enfin, il y a aussi les métèques. Ils vivent à Athènes, mais viennent d'ailleurs. Ils sont parfois marchands et très riches. Ils ne peuvent pas devenir citoyens et, comme les femmes et les esclaves, ils ne pourront jamais voter.

(Vous ne voterez pas non plus, quelle que soit la durée de votre séjour. N'y comptez pas.)

17

Emma fait de son mieux pour s'amuser à Athènes...

Et voici le magnifique Parthénon!

Ah! c'est vraiment magnifique.

Très joli. Bon, et les Jeux, alors?

... mais elle est loin de s'amuser. Elle passe une mauvaise journée, voire un mauvais siècle! Et voilà qu'elle reçoit des poubelles grecques sur la tête.

Je... ne... m'amuse... pas.

Merveilleux!

J'peux conduire?

Le Parthénon

Levez les yeux. Plus haut. Cette colline rocheuse qui surplombe la ville, c'est l'Acropole. Pour les Athéniens, c'est un lieu sacré. Ce grand bâtiment au-dessus, fait de marbre blanc crème, c'est le Parthénon. Il a été construit pour honorer Athéna, déesse d'Athènes.

Observez bien les colonnes du Parthénon. Elles vous paraissent droites, hein? Eh bien non, elles ne le sont pas. Si ces colonnes étaient rectilignes, elles donneraient l'impression d'être incurvées. Pour qu'elles paraissent droites, elles ont été épaissies en leur milieu. C'est une illusion d'optique!

À l'intérieur du Parthénon, il y a une immense statue d'Athéna couverte d'or et d'ivoire. À l'extérieur, une statue d'Athéna en bronze encore plus imposante tient une lance dont la pointe est en or. Elle sert de phare aux marins, qui peuvent la voir de très loin.

Les choses empirent lorsque Demeas invite les Thibodeau chez lui. Dès leur arrivée, on entraîne Emma et Léa à l'écart.

Venez dans les appartements des femmes.

Les quoi? Attendez... JUSTIN!

CHEZ LES ANCIENS GRECS

Fatigué? Pourquoi ne pas vous détendre chez une famille locale? Ne vous attendez pas au grand luxe. Les maisons sont en brique crue recouverte de plâtre. Le sol est en pierre ou en terre battue.

Les maisons des Grecs plus aisés ont deux étages. En bas, se trouve l'andron, la salle à manger des hommes de la famille, où ils reçoivent leurs amis. En haut, dans le gynécée, les femmes, les enfants et les femmes esclaves travaillent et s'amusent.

Au centre, il y a une cour intérieure. Cherchez un autel dédié au dieu grec Zeus. Parfois, on y trouve aussi un puits.

L'ameublement est simple : tabourets, bancs et coffres. Il y a aussi des couches (lits) en bois recouvertes de coussins et de couvertures sous lesquelles on loge de petites tables. Des lampes en argile, remplies d'huile d'olive, éclairent les soirées.

Pourquoi doit-on éclairer la nuit? Eh bien, on ne sait jamais! Il pourrait y avoir une fête!

19

Ce soir-là, c'est la fête chez Demeas, avec de la nourriture, des boissons et des divertissements en abondance. Emma apprécie la musique... de loin.

Justin, lui, goûte aux festivités.

Les festivités se poursuivent... on parle et on mange... on parle et on récite des poèmes... on parle et on boit... on parle et on écoute de la musique... C'est la soirée la plus longue à laquelle Emma n'a pas été invitée.

J'aimerais tant y aller.

J'aimerais tant dormir.

NOURRITURE ET FESTINS

Affamé? Étendez-vous et mangez! La nourriture des anciens Grecs est simple et saine : du pain ou de la bouillie (d'orge ou de blé), des fruits, des légumes et du fromage. La plupart des Grecs aiment aussi le poisson, les œufs et la volaille, et toutes les olives qu'ils peuvent avaler.

La viande n'est servie qu'aux occasions spéciales comme les fêtes religieuses et les mariages. Essayez plutôt une olive. Vous n'aimez pas les olives? Aïe! Ce pays étant un sérieux producteur d'olives, il vaudrait mieux vous y habituer.

Les anciens Grecs aiment organiser un type de festin appelé sumposion. (Désolé, c'est réservé aux hommes.)

Lors des symposiums, les invités ôtent leurs sandales et s'allongent sur des couches pour manger. Ils portent des couronnes sur la tête et sont servis par des esclaves.

Que fait-on lors d'un symposium? On mange, bien sûr. (Encore des olives!) On boit du vin coupé d'eau. Parfois, on y est diverti; parfois, ce sont les invités qui se divertissent eux-mêmes : ils chantent, récitent des poèmes, jouent aux devinettes ou à d'autres jeux. Voici un des jeux, appelé kottabos : lorsque votre verre est presque vide, jetez le restant d'un trait sur une cible.

Le lendemain matin, les Thibodeau confrontent Demeas et le supplient de les aider à se rendre à Olympie. Il se trouve qu'il y va aussi, sur le bateau de son oncle.

Il invite Justin, mais pas les filles.

C'en est trop! Emma décide d'aller aux Jeux olympiques, même si elle doit s'y rendre à pied.

Le chemin qui mène à Olympie s'avère très très très long. La route est ardue et montagneuse.

Ils n'ont jamais entendu parler des autobus?

Il doit y avoir un autre moyen. Justin pense l'avoir trouvé lorsqu'il rencontre un groupe de voyageurs venus de Sparte.

Ils ont des chevaux et des charrettes! Venez!

Charrettes? J'peux conduire?

LES DÉPLACEMENTS DANS LA GRÈCE ANTIQUE

Vous voulez voyager dans ce pays? Un petit conseil : naviguez!

Le bateau est de loin le meilleur moyen de transport. Vous pouvez facilement aller d'une île à l'autre, et par gros vent, vous couvrirez jusqu'à 240 km par jour.

Si vous devez emprunter les voies terrestres, bonne chance! Ce pays montagneux a peu de routes, et elles sont abruptes, rocailleuses et pleines d'ornières. Lors des Jeux, elles sont aussi embouteillées. Procurez-vous une mule ou un âne pour porter vos affaires. Une charrette tirée par des bœufs s'arrêtera peut-être pour vous prendre en route.

Mais il y a de fortes chances que vous deviez marcher. (Mangez une olive pour vous remonter le moral!)

23

SPARTE ET LES SPARTIATES

Les Athéniens sont intéressants, mais si vous cherchez l'aventure, fréquentez des Spartiates!

Sparte est une cité grecque puissante et très différente des autres. D'abord, tous les hommes sont soldats de carrière. Ils passent tout leur temps au combat, s'entraînant pour la guerre. (Les citoyens d'autres cités sont fermiers ou artisans et ne sont soldats qu'à temps partiel.)

Naître Spartiate n'est pas facile. Dès la naissance, les anciens vous examinent. Si vous avez l'air chétif ou malade, on peut vous abandonner dans la montagne et vous laisser mourir. À sept ans, les garçons sont séparés de leur mère pour vivre dans les baraques de l'armée et devenir soldats.

24

On s'attend à ce que vous supportiez le froid, la souffrance et la faim, et que vous deveniez un guerrier courageux. Vous marcherez pieds nus et mangerez du bouillon noir, une soupe répugnante à base de porc, de sang de cochon et de vinaigre. Cette horreur est célèbre dans toute la Grèce.

Ne vous attendez pas à ce que votre mère vous aide. Les femmes spartiates sont élevées à la dure pour engendrer des guerriers spartiates forts. Votre mère vous enverra à la guerre en vous disant de ne revenir qu'avec votre bouclier (soldat brave) ou sur votre bouclier (soldat mort)! Si vous êtes lâche et perdez votre bouclier, ne rentrez pas chez vous. On rapporte que des mères spartiates ont tué leur propre fils pour cause de lâcheté.

Ayant quitté les Spartiates, les Thibodeau reprennent seuls leur chemin. Mais alors qu'ils s'approchent d'Olympie, Justin s'inquiète. Et si Emma et Léa n'étaient pas autorisées à assister aux Jeux?

Ne t'inquiète pas, j'ai une idée.

Tu te souviens de ce que Demeas a dit?

Ce n'est pas difficile de transformer Léa en garçon...

Qu'en penses-tu?

Même son propre frère pourrait s'y tromper.

... mais ce n'est pas aussi simple pour Emma. Enfin, une nouvelle tenue et quelques acrobaties règlent le problème.

Es-tu sûre que ça va marcher?

Certaine!

Ça reste à voir!

Justin est vraiment très grand!

Le basket-ball est-il un sport olympique ancien?

Ouf! Il fait chaud là-dessous.

LES VÊTEMENTS ET LES COIFFURES DES ANCIENS GRECS

Les hommes, les femmes et les enfants portent tous un chiton — un simple rectangle en laine ou en lin, fermé aux épaules et sur les côtés, qui laisse dépasser la tête et les bras. Une ceinture souple autour de la taille vient compléter le tout. Le chiton des femmes descend jusqu'aux chevilles, mais celui des esclaves, des enfants et des travailleurs arrive aux genoux. Lorsqu'il fait froid, jetez un himation (cape) sur votre chiton. Mettez une paire de sandales et hop! vous voilà habillé à la mode de la Grèce antique.

Pour les coiffures, c'est moins simple. Les hommes portent habituellement les cheveux courts et la barbe et les garçons ont les cheveux longs — sauf à Sparte où les garçons ont les cheveux courts et les hommes, longs. Les cheveux des femmes et des fillettes sont très longs. Avant de se marier, elles les portent en boucles. Une fois mariées, elles les empilent sur leur tête à l'aide de rubans, d'épingles et d'ornements.

Vous voyez, ce n'est pas simple! Mais ne vous arrachez pas les cheveux! Et gardez votre sang-froid... car en Grèce, les étés peuvent être torrides. Heureusement, les vêtements sont amples et légers.

Ainsi, Emma et Justin entrent aux Jeux olympiques « costumés ». Ils attirent un peu l'attention... mais personne ne les arrête.

OLYMPIE

Bienvenue. Venez assister au plus grand spectacle de la Grèce antique. Joignez-vous aux milliers de personnes qui viennent à Olympie pour voir les Jeux. Ils ont lieu tous les quatre ans en l'honneur du dieu Zeus. (On organise d'autres jeux pour honorer d'autres dieux, mais les Jeux olympiques sont les plus importants.)

Visitez Olympie. Ce n'est pas une cité, mais une plaine herbeuse dans la campagne, parsemée d'arbres et de buissons. Commencez par l'Altis, lieu sacré rempli de temples, d'autels et de statues. Ne manquez pas :

1. Le Grand temple de Zeus — contenant une magnifique statue de Zeus, une des sept merveilles de l'Antiquité.

Les Thibodeau font de leur mieux pour passer inaperçus.

Quelles longues jambes! Participes-tu aux courses?

Euh... seulement si on m'y oblige.

De l'air... j'ai besoin d'air...

Hé, les gars! Je suis content d'assister à vos jeux!

J'étouffe là-dessous!

2. L'olivier sacré d'où un garçon coupe les couronnes des gagnants à l'aide d'une faucille en or.

3. Le temple d'Héra, femme de Zeus.

4. Le grand autel de Zeus.

Non loin se trouve le Stade (piste pour les courses à pied) et l'hippodrome (pour les chevaux). Levez-vous de bonne heure pour assister aux courses!

Petit côté négatif, ne vous attendez pas à un grand confort pendant votre visite. C'est le milieu de l'été et il fait très chaud. Il y a des mouches partout, sans oublier la foule, la poussière et le bruit. Il n'y a aucun endroit où se laver, et il faut dormir dehors. L'eau potable est souvent stagnante et vous ne trouverez probablement jamais de toilettes.

À part ça... c'est un endroit charmant. Amusez-vous bien!

Lorsque les Thibodeau s'installent pour regarder les Jeux, une surprise les attend.

Hé! Assieds-toi!

Je ne vois rien!

Je peux regarder?

Oui... mais tu vas peut-être changer d'idée.

LES JEUX

Ne restez pas debout, l'air béat. Cherchez une place. Quarante mille personnes veulent avoir la meilleure place. Alors, faites vite!

Installé? Parfait. Si vous portez un chapeau, enlevez-le. Les chapeaux bloquent la vue et sont interdits.

En regardant les Jeux, vous remarquerez sans doute des différences par rapport aux Jeux modernes. Par exemple :
. pas de sports d'équipe
. pas de sports aquatiques
. pas de vêtements!

Pas de vêtements, du moins pour les athlètes qui participent aux épreuves des anciens Jeux olympiques. L'histoire explique qu'il y a fort longtemps, le vêtement d'un athlète tomba pendant une course.

Il gagna, lançant ainsi une nouvelle mode.

31

Avec ou sans vêtements, les Jeux sont passionnants! Les Thibodeau en oublient vite leur malaise. Ils suivent la foule de compétition en compétition et tentent de voir autant d'épreuves que possible.

La lutte

La course

Le pugilat

Le pentathlon

Le pancrace

Pendant votre séjour, essayez de voir les épreuves les plus importantes. En plus des sports équestres, il y a :

1. Les courses. Courses de vitesse (courte et longue) et course de fond.
2. La lutte. Épreuve qui exige grâce et adresse.
3. Le pugilat (boxe). Combat entre boxeurs aux mains bandées de lanières de cuir.
4. Le pentathlon. Épreuve de cinq sports : saut en longueur, course, lutte, lancer du javelot et du disque.
5. Le pancrace. Violent mélange de lutte et de pugilat.

Si vous n'aimez pas la violence, évitez le pancrace. Les athlètes peuvent cogner sur leurs adversaires, les battre, leur tordre les bras, leur casser les doigts et même les étrangler. Certains pancratiastes y meurent!

Des épreuves sont réservées aux garçons de 12 à 18 ans. Il y a aussi une course en armure pour les soldats hoplites qui vont, cliquetant, sur la piste.

Et chaque gagnant reçoit comme prix... une couronne de rameaux d'olivier! (Ça vous paraît peu? Ne vous en faites pas, les vainqueurs sont très bien traités par leur cité quand ils rentrent.)

33

Finalement, Justin et Emma sont si absorbés par les Jeux qu'ils oublient de garder l'œil sur leur petite sœur.

Grave erreur.

C'est la course de chars!

Léa? Où est Léa?

ÉPREUVES ÉQUESTRES

Prêt pour la folie des courses? Allez vite à l'hippodrome (champ de courses de chevaux) pour voir les épreuves équestres.

Les courses hippiques passionnent les foules des Jeux anciens. Les selles et les étriers n'ayant pas encore été inventés, les cavaliers montent sans selle, les pieds pendants. Pas facile de s'accrocher ni de contrôler sa monture!

Les courses de chars sont encore plus palpitantes... et dangereuses! Les attelages comptent deux ou quatre chevaux (quadrige). La chevauchée est effrénée et périlleuse. L'hippodrome étant droit et non circulaire comme les champs de courses modernes, les chars vont et viennent d'un bout à l'autre, en tournant autour d'une borne à chaque extrémité.

Ce sont les bornes qui présentent le plus grand danger. Si vous devez conduire un char (ce qui est déconseillé), ESSAYEZ D'ARRIVER LE PREMIER AUX TOURNANTS! Sinon, gare à la catastrophe : vos roues peuvent se bloquer! Votre char peut se renverser ou en frapper d'autres, ou rentrer dans la borne! Même si vous restez dans la course, c'est la folie : hurlements des athlètes, épuisement des chevaux, nuages de poussière et carambolages effroyables.

Pas étonnant que ce soit l'épreuve la plus dangereuse de ces Jeux! C'est aussi une des plus populaires.

Léa tient bon pendant deux tours. Elle prend même la tête! Mais, comme bien des conducteurs, elle a quelques difficultés au tournant.

Justin et Emma courent aussi vite que possible — autant dire pas très vite — jusqu'au milieu de l'hippodrome. Quand ils arrivent, Léa n'est plus là.

S'ils ne connaissaient pas si bien leur jeune sœur, Justin et Léa s'inquiéteraient davantage.

Léa est maintenant la personne la plus impopulaire d'Olympie. Justin et Emma comprennent qu'ils doivent la cacher pour quitter les lieux. Il n'y a qu'une solution.

Tu es sûre que ça va marcher?

Aucun problème!

Tout un problème!

En essayant de sortir d'Olympie, les Thibodeau sont pris dans une immense foule qui les entraîne vers un autel surélevé — et ce qui semble être, aux yeux de Justin, le plus grand barbecue jamais vu!

Un sacré feu!

Un feu sacré, c'est ça!

Avec Léa cachée sous son chiton, Justin n'est pas seulement grand, il est aussi bedonnant.

Je n'aurais pas dû manger toutes ces olives.

RELIGION ET SACRIFICES GRECS

Le déroulement de tant d'épreuves sportives a tendance à faire oublier que les Jeux sont avant tout une fête religieuse. Ils sont célébrés en l'honneur du dieu Zeus qui, selon les Grecs, règne sur le monde.

Les anciens Grecs ont de nombreux dieux dont les douze principaux vivent, d'après eux, sur le mont Olympe, la plus haute montagne de Grèce. Ils incluent : Zeus (dieu du ciel et de la météorologie), Poséidon (dieu des mers), Héra (déesse des femmes et du mariage) et Aphrodite (déesse de l'amour). Les anciens Grecs croient que ces dieux ont une influence sur leur vie et peuvent les aider ou leur nuire. Pour les contenter, ils leur offrent prières et sacrifices. Ils organisent aussi des fêtes (comme les Jeux olympiques).

Lors des Jeux, ils font un grand sacrifice à Zeus en tuant cent bœufs dont les os des cuisses sont brûlés sur l'autel en offrande. Zeus, à ce qu'on dit, aime l'odeur de la fumée. Le reste de la viande est grillé, puis mangé par les spectateurs. Déambulez, l'air affamé; on pourrait vous offrir un plat de côtelettes. (Croyez-moi, Zeus n'y verra que du feu!)

Les Thibodeau n'ont pas beaucoup mangé depuis leur arrivée aux Jeux. Ils décident donc de traîner dans les parages. Lorsque la viande est servie, Justin se rattrape vite.

Mais ses sœurs n'ont pas cette chance.

Après quelques pincements de ses sœurs, Justin trouve le moyen de partager.

Les Grecs sont de plus en plus méfiants. Toutefois, tout aurait pu bien se passer, si ça n'avait été de...

Léa!

Le secret des Thibodeau est découvert...

... et la course commence!

D'excellents coureurs se trouvent aux Jeux olympiques. Certains peuvent courir plus vite que les Thibodeau, mais personne n'y met autant d'énergie qu'eux.

Ils courent jusqu'à la seule cachette qu'ils connaissent.

Chuuut!

Justin? J'ai encore faim.

Les Thibodeau ont un problème. Ils sont prêts à rentrer chez eux, mais ils doivent rester cachés. Mais s'ils restent cachés, ils ne pourront pas finir de lire le Guide pour rentrer!

Zut! Il fait trop sombre pour lire.

Rrrr!!

Les Thibodeau attendent longtemps l'occasion de sortir de leur cachette. Soudain, la cachette elle-même se met à bouger...

Oh! Oh! Qu'est-ce qui se passe?

Rrrr — ronron!

Les Thibodeau se font longtemps ballotter dans leur récipient. Puis, les jarres commencent à bouger différemment.

Pssst! Justin! On ne ballotte plus. On tangue!

Tangue? Comme le tango?

Ils sont sur un bateau! Il est bruyant, plein de monde et se déplace rapidement.

LES BATEAUX DE GUERRE GRECS

Pourquoi ne pas terminer votre visite en Grèce antique par une croisière reposante à bord d'une trière (c'est un bateau de guerre)? Mais pas de panique! La trêve olympique est encore en vigueur; vous voyagerez en toute sécurité!

Ce navire long, léger et étroit, peut contenir (tout au plus) 170 rameurs, serrés comme des sardines. Ils sont assis sur trois niveaux pour éviter d'entrechoquer leurs rames.

Une trière est bien plus qu'un navire; c'est une arme. Avec son pieu saillant (éperon) et ses lames pointues à l'avant, elle est conçue pour transpercer le bateau ennemi en le heurtant sur le côté, ou pour briser ses rames en longeant ses flancs.

Les immenses yeux peints de chaque côté du navire pour le protéger du mal le rendent facilement repérable. Si d'autres trières croisent votre chemin, faites-leur signe. Rien n'arrivera tant que la trêve olympique sera en cours.

À moins, bien sûr, que quelqu'un ne viole la trêve...

Les Thibodeau se promettent que les prochains Jeux olympiques, ils les regarderont à la télé.

En sortant de l'Agence de voyages *Prends ton temps*, ils se font une autre promesse.

Jamais? Ça paraît long…

… même quand on remonte le temps.

LA GRÈCE ANTIQUE

Réalité ou fiction?

Que croire des récits du livre *Aventures dans la Grèce antique*?

Les enfants Thibodeau sont une invention, leurs aventures également. Donc, l'histoire des Thibodeau est simplement... une histoire.

Mais les anciens Grecs ont réellement existé. Ils ont inventé le théâtre et organisé les premiers Jeux olympiques et... si vous voulez vraiment tout savoir, lisez le Guide! En effet, tous les renseignements présentés dans le *Guide personnel à destination de la Grèce antique* de M. Petitjean sont basés sur des faits historiques réels.

Plus encore sur la Grèce antique

Les anciens Grecs ont donné le jour à une des civilisations les plus extraordinaires que le monde ait jamais connue. Elle est née dans la même région que les civilisations minoenne et mycénienne qui l'ont précédée.

La Grèce est indiquée en violet sur la carte. Vers le VIIIe siècle avant J.-C., les anciens Grecs ont établi des colonies autour de la mer Méditerranée, indiquées en orange. Le commerce avec d'autres régions a apporté la prospérité aux Grecs et leur a permis de trouver de nouvelles idées dans les pays voisins. Ceci a entraîné l'apogée de la civilisation grecque il y a 2 500 ans, au Ve siècle avant J.-C., au cours d'une période parfois appelée « période classique ». La visite des Thibodeau se situe pendant cette période – un âge d'or qui a vu naître l'apparition de nouvelles idées exceptionnelles sur l'être humain et l'univers. Certains des premiers historiens et scientifiques du monde étaient des anciens Grecs. Ils ont grandement contribué à l'évolution des mathématiques, de l'astronomie et de la géographie, et ont créé la première démocratie. Les philosophes grecs, comme Platon et Aristote, ont fondé des théories qui sont toujours étudiées de nos jours. Un médecin grec, Hippocrate, est considéré comme étant le père de la médecine occidentale.

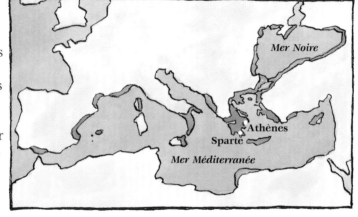

Au IVe siècle avant J.-C., les Grecs sont tombés sous la domination de la Macédoine. Un de ses chefs, Alexandre le Grand, admirait tellement les Grecs qu'il a répandu leurs idées dans son vaste empire. Plus tard, les Romains ont régné sur la Grèce. Ils ont aussi été de grands admirateurs de la culture grecque, copiant et répandant son art et ses idées. De nos jours, la culture de la Grèce antique est perçue comme le berceau de la civilisation occidentale.

Nous savons beaucoup de choses sur les anciens Grecs et leurs Jeux olympiques... mais pas autant que nous le voudrions. Les découvertes des historiens sont incomplètes; la trêve olympique en est un exemple. Quoique les messagers la proclamaient dans toute la Grèce, on ne sait pas vraiment si la trêve empêchait que toutes les cités soient attaquées, ou seulement Élide (lieu où Olympie était située). Également, l'ordre des événements olympiques a changé au fil des ans et on sait peu de choses à ce sujet. Les historiens ne s'accordent pas non plus sur la présence de fillettes de l'âge d'Emma aux Jeux olympiques. (On sait que les femmes mariées n'y étaient absolument pas admises.)

Connaissons-nous tout sur les anciens Grecs? Non. En apprendrons-nous davantage dans l'avenir? Probablement. Les historiens et les archéologues ne cessent d'enrichir leurs connaissances sur le passé. Ils adoreraient retourner dans la Grèce antique. Ah! si seulement ils pouvaient trouver la bonne agence de voyages!

Dans ce livre